BEI GRIN MACHT SICH IHR WISSEN BEZAHLT

AF137269

- Wir veröffentlichen Ihre Hausarbeit,
  Bachelor- und Masterarbeit

- Ihr eigenes eBook und Buch -
  weltweit in allen wichtigen Shops

- Verdienen Sie an jedem Verkauf

Jetzt bei www.GRIN.com hochladen
und kostenlos publizieren

Bibliografische Information der Deutschen Nationalbibliothek:

Die Deutsche Bibliothek verzeichnet diese Publikation in der Deutschen National-
bibliografie; detaillierte bibliografische Daten sind im Internet über http://dnb.d-
nb.de/ abrufbar.

Impressum:

Copyright © 2014 GRIN Verlag, Open Publishing GmbH
Druck und Bindung: Books on Demand GmbH, Norderstedt Germany
ISBN: 978-3-668-20367-9

Dieses Buch bei GRIN:

http://www.grin.com/de/e-book/293203/staatslehre-bei-plato-und-konfuzius-ein-
philosophischer-vergleich

Dora Lenart

Staatslehre bei Plato und Konfuzius. Ein philosophischer Vergleich

GRIN Verlag

GRIN - Your knowledge has value

Der GRIN Verlag publiziert seit 1998 wissenschaftliche Arbeiten von Studenten, Hochschullehrern und anderen Akademikern als eBook und gedrucktes Buch. Die Verlagswebsite www.grin.com ist die ideale Plattform zur Veröffentlichung von Hausarbeiten, Abschlussarbeiten, wissenschaftlichen Aufsätzen, Dissertationen und Fachbüchern.

Besuchen Sie uns im Internet:

http://www.grin.com/

http://www.facebook.com/grincom

http://www.twitter.com/grin_com

Inhaltsverzeichnis

Inhaltsverzeichnis 1

1. Einleitung 2

2. Staatslehre bei Plato 3

    2.1. Über Platos Leben und Werke.. 3

    2.2 Athen in der Zeit von Plato 4

    2.3 Staatslehre bei Plato 4

        2.3.1 Die Gerechtigkeit 6

        2.3.2 Die drei Kardinaltugenden: Weisheit, Tapferkeit und Besonnenheit 7

        2.3.3 Das Gute und die Ideenlehre 9

        2.3.4 Die Philosophenkönige 12

        2.3.4 Die Erziehung von Philosophenkönigen 14

3. Staatslehre bei Konfuzius 15

    3.1 Gründe seiner Lehre: Über Konfuzius' Leben und die Welt in seiner Zeit 15

    3.2 Konfuzianismus und seine Auswirkungen 17

        3.2.1. Seine Lehre 17

        3.2.2 Der ideale Herrscher 20

    3.3 Konfuzianismus 21

        3.3.1 Konfuzianismus als Staatsideologie 22

4. Ein Vergleich von Plato und Konfuzius 24

    4.1 Dikaiosyne, Ren und das ethische Leben 24

    4.2 Der Herrscher und seine Beziehung zum Staat 25

    4.3 Tugenden 27

5. Zusammenfassung 29

6. Quellenverzeichnis 31

1. Einleitung

Es ist interessant, wie in verschiedenen Brennpunkten der menschlichen Kultur religiöse und geistlich-philosophische Strömungen sozusagen gleichzeitig, mit ca. 80 jährigem Unterschied, zwischen dem 6. und 4. Jh. v. Chr. auftauchen.

Vor Ihnen liegt meine Bachelorarbeit, die zwei große Denker des 6. bis 4. Jh. v. Chr., aus ganz anderen Teilen der Welt, als Thema hat. Das sind Plato und Konfuzius, beide noch immer respektierte Denker der Philosophie und Reformatoren ihrer Zeit.

In Griechenland war im 5. und 4. Jh. v. Chr. Plato als Lehrer tätig, der einer der wichtigsten abendländischen Philosophen war und wessen Werke den Grund aller weiteren Philosophie darstellen. Er war Schuler von Sokrates, was ihn und sein Denken stark beeinflusste. Konfuzius aber war einer der wichtigsten Denker der östlichen Philosophie, seine Lehren beeinflusste viele Denker. Manche sagen, dass sie noch heutzutage im chinesischen kulturellen Raum zu spüren sind.

Was ich mir also als Aufgabe gestellt habe, ist folgendes: Ich möchte erläutern, wie die zwei großen Denker aus verschiedenen Teilen der Welt auf ziemlich ähnliche Überlegungen kamen. Ob das so ist, werde ich durch Recherche und Auseinandersetzungen mit beiden Lehren auch herausfinden. Dazu möchte ich noch sehen, inwiefern beide ihre Kultur prägten und auf welchen Niveaus die Lehren von beiden Denkern ähnlich sind und wo sie sich unterscheiden.

Meine Arbeit ist in drei Teile aufgeteilt. Im ersten Teil beschreibe ich das Denken, die Staatslehre und die Ideale von Plato. Im zweiten Teil gebe ich die gleichwertige Beschreibung von Konfuzius, sein Denken, seine Staatslehre und seine Ideale. Die beiden Teile werden mit Hilfe der Sekundärliteratur und natürlich durch das Studium der Originaltexte zusammengesetzt. Im dritten Teil befindet sich der Vergleich von beiden Denkern, dabei werden Ähnlichkeiten und Unterschiede herausgearbeitet.

2. Staatslehre bei Plato

2.1. Über Platos Leben und Werke

Plato wurde vermutlich zwischen März und Juli 427 v.Ch. in Athen oder Aigina geboren. Sein Vater war Ariston und seine Mutter Perikitione. Väterlicherseits ist nicht viel bekannt. Alles, was wir über Platos Herkunft wissen, ist das, was über die Familie seiner Mutter bekannt ist. A. Graeser schreibt, dass Plato schon in früherer Jugend von antidemokratischen Gedanken geprägt wird[1], weil nämlich sein Onkel zweiten Grades, Critias und sein Onkel ersten Grades, Charmides, beide zur Gruppe der dreißig Tyrannen[2] gehörten. In seiner Jugend war er als Dichter tätig. Ein sehr wichtiger Punkt seines Lebens war die Reise nach Sizilien, die zw. 390 und 389 oder 388 und 387 stattgefunden hatte. Da kam er unter den Einfluss des Pythagoreers Archytas von Tarent; und in Syrakus lernte er Dion kennen, der Schwager des tyrannisches Herrschers Dionys I. war. Nach der Rückkehr nach Athen gründete er dort eine Schule, die Akademie. Er reiste noch zweimal nach Sizilien, zw. 366 und 365 und zw. 361 und 360. Er war vom neuen Herrscher Dionys II. fasziniert, denn Dion nahm an, dass er die Anlage zum Philosophen-König habe. Und Plato dachte danach, Dionys II. könnte seine philosophischen Gedanken in die Tat einsetzen. Aber das geschah nicht.[3]

Plato schrieb mehrere Briefe und Dialoge. Manche Historiker glauben, er schrieb nur Dialoge, da die Authentizität der Briefe fraglich ist. Der Hauptdarsteller in seinen Dialogen ist Sokrates, der Gespräche mit anderen Denkern führt. Doch im späteren Verlauf drohte „das Dialogische zur bloßen Form zu erstarren, und im Gespräch über die Gesetze ist Sokrates nicht mehr mit von der Partie"[4].

Es gibt 34 platonische Dialoge, einige davon wurden bereits in der Antike als unecht erkannt und viele wurden immer wieder bezweifelt. Die Forschung zeigte auch, dass die Werke „Gesetze" und „Brief VII." wahrscheinlich unecht sind. Vom Inhalt aus kann man auch behaupten, dass die frühen sokratischen Dialoge erst nach dem Tod von Sokrates geschrieben

---

[1] Andreas Graeser. Die Philosophie der Antike 2. C. H. Beck. München. 1993. 2. Auflage. S. 125
[2] Das war Tyrannherrschaft von 30 Oligarchen in Athen, der acht Monate dauerte und Platos Onkel Critias war einer der Gründer dieser Gruppe.
[3] Andreas Graeser. Die Philosophie der Antike 2. C. H. Beck. München. 1993. 2. Auflage. S. 126
[4] Andreas Graeser. Die Philosophie der Antike 2. C. H. Beck. München. 1993. 2. Auflage. S. 126

wurden[5]. Daraus kann man erkennen, wie sehr Sokrates dem Plato impressionierte. Plato starb zw. 348 und 347, er war ungefähr 81 Jahre alt geworden.

Platos Werk, das für die Beobachtung und Beschreibung seiner Staatslehre sehr wichtig ist, ist die „Politeia", die auch als eines seiner Hauptwerke gilt.[6]

2.2 Athen in der Zeit von Plato

Athen, einst ein Versammlungsort der Philosophen, Künstler, Krieger und Staatsmänner, war in der Zeit von Plato nur noch ein Schatten der früheren Erfolge.

Dem Sieg im Griechisch-Persischen Krieg folgte der schwierige peloponnesische Krieg. Und als in 404 v.Chr. die Staatsgewalt Aristokraten übernahmen, wollte sich Plato, wie er im autobiographischen Brief VII schreibt, dem politischen Leben widmen.

Doch schnell wurde ihm klar, dass die neue Staatsgewalt viel schlechter funktionierte als die alte. Im 403 v.Chr. kam es wieder zu einer demokratischen Regierung, welche aber vier Jahre später den Sokrates, der für Plato "der gerechteste Mensch seiner Zeit" war, mit dem Tod bestrafte.

Plato meinte, in dieser Zeit des generellen Verlustes der moralischen Würde, der sich vor allem in der Politik sehr deutlich zeigte, und der sich auf alle Bereiche des Lebens ausbreitete, dass alles, was er damals sah, in ihm die Empörung erwachen ließ. Das hielt ihn ab vom damaligen Übel, wobei er mit Übel alle Ereignisse des damaligen politischen Lebens in Athen meinte.[7]

2.3 Staatslehre bei Plato

Im Werk "Politeia" veröffentlichte Plato seine Staatslehre. Darin setzte er sich mit dem sophistischen Relativismus und Subjektivismus kritisch auseinander und versuchte, Definitionen für bestimmte relevante Tugenden zu erstellen.

---

[5] Vielleicht als ein Memorial, da Platon sehr von ihm inspiriert wurde.
[6] Schülerduden Philosophie. Dudenverlag. Mannheim. 2009. S. 325.
[7] Prof. Daliborka Kiković: Platon in akademija: http://www.akropola.org/clanki/clanek.aspx?lit=297 (Stand: 2. 4. 2014)

Platos Staatsmodell befasst mit der Frage, wie der Mensch sein irdisches Leben nach Moralprinzipien ausrichten kann und formuliert gleichzeitig die Prinzipien der Gerechtigkeit in einem Modell des Staates, der selbst gerecht ist.

Damals nämlich, als Sokrates[8] und Plato wirkten, war Athen ein Stadtstaat, wo Sophisten die Lehrer der Moral, zumindest der traditionellen Moral waren. Die Begriffe innerhalb der traditionellen Moral waren aber nicht deutlich ausgearbeitet und waren von den aufrichtigen Absichten der Einzelnen abhängig. So wird gemeint, dass moralisch sein bedeutet niemandem etwas zu schulden[9]. Das aber hat zwei Positionen zufolge, nämlich diejenigen, die viel besitzen und niemandem anderen schulden, und diejenigen, die nichts haben und vielen etwas schulden. Das war aber für Plato nicht in Ordnung, denn ein gerechter Mensch kann nicht gleichzeitig gerecht sein und dem anderen Menschen schaden.

Eines der Mittel der platonischen Philosophie waren die Allegorien[10]. Ich werde eine ganz wichtige Allegorie kurz beschreiben und interpretieren. Es geht um das Höhlengleichnis[11], der zeigt, wie man die Welt der ewigen Ideen erkennen kann, wie der Weg des Lernens läuft und auch wie im Stadtstaat die Philosophenkönige ausgewählt werden. Im Gleichnis, geht es um Menschen, die schon ihr gesamtes Leben lang in einer Höhle leben. Sie sind dort an einer Stelle festgesetzt und können sich nicht drehen oder bewegen. Die Höhle hat einen stark geneigten Aufgang. Hinter ihnen und über ihnen leuchtet ein Feuerschein, vor dem Feuer verläuft eine Mauer. An der Mauer entlang laufen Menschen, die Dinge mit sich tragen. Die gefesselten Menschen sehen nur die Schatten dieser Dinge und hören, wenn die vorbei laufenden Menschen ab und zu etwas sagen. Diese dort sitzenden Menschen haben in ihrem gesamten Leben nichts anderes gesehen als Schatten, so dass für sie die Schatten wohl das einzig Wahre sind. Doch man könnte sie »heilen«, wenn man einen von ihnen losmachen würde und ihn dann zwingen würde, sich umzudrehen und ins Licht zu blicken. Angeblich würde dieser Mensch erst einmal geblendet sein und niemals glauben können, dass alles, was er vorher gesehen hatte, nur ein Abbild dessen sei, was er jetzt sieht. Doch er würde lernen, wenn er stiegenauf gehen müsste und die Sonne sehen würde, dass eigentlich die Sonne das ist, was alles beleuchtet. So leuchtet auch die Idee des moralisch Guten. Plato beschreibt also mit dieser Höhle eigentlich unsere Welt und oben befindet sich die Welt

---

[8] Hauptdarsteller in meisten Werke Platos.
[9] Interpretation der Meinung von Kephalos im Politeia, Buch I.
[10] Die Allegorien sind eine der wichtigsten Mittel von Plato, damit er seine Lehre zeigt.
[11] Höhlengleichnis zeigt, wie ein Mensch durch das Lernen die Erkenntnis erreichen kann.

der ewigen Ideen. Ich verstehe dieses Licht in der Höhle als das Sonnenlicht und die Sonne wird in der Welt der Ideen als die Idee des Guten gemeint. Dieser Mensch, der von Illusionen losgelassen wird und lernt, damit er danach weiß, was eigentlich wahr ist (die Ideen), genau dieser kann der wahre Philosoph und König sein und somit der wahre und absolut gute Herrscher.

2.3.1 Die Gerechtigkeit

Schon im ersten Buch der ‚Politeia‘ gibt es einen Dialog mit dem Sophisten Thrasymachus, der das Thema der Gerechtigkeit behandelt. Thrasymachus vertritt die These, dass „gerecht sei, was dem Stärkeren nütze"[12]. So wird der Sophist als Vertreter der Position eines Tyrannen dargestellt. Man kann sagen, dass Plato im Charakter des Thrasymachus eine Verbindung zwischen dem sophistischen Relativismus, dem natürlichen Nihilismus und der politischen Gewaltherrschaft herstellt. Nämlich der Stärkere entwürft eine Ideologie, ihm steht die Repression zur Verfügung, seine Herrschaft ist die des eigensinnigen Willens, ist die Laune des Stärksten. Wenn die Menschen gegen seine Gesetze handeln, wirken sie ungerecht. Diese These wird von Plato abgelehnt, denn Gerechtigkeit ist für ihn eine Tugend und sollte auch im Interesse von anderen und nicht nur im Eigeninteresse ausgeübt werden.[13] Die Bedeutung der Gerechtigkeit für ein erfolgreiches Staatsmodell zeigt sich in zwei Charakteristiken:[14] an gewissen anthropologischen Voraussetzungen, die in der Form eines Mythos gezeigt wurden; und in der Verkörperung der Strukturen, die raum- und zeitlos vorgegeben ist. Sie spiegelt die Idee der Gerechtigkeit und dazu gehören noch drei Teile der Seele, die hierarchisch gestuft sind. Der erzählte Mythos ist als Metall-Mythos bzw. als Mythos über Erdgeborenen[15] bekannt: Es gibt eine Annahme, dass es drei unterschiedlich wertvolle Arten von Menschen gibt. Alle diese Menschen sind Brüder, denn sie haben eine gemeinsame Mutter, die Erde. Doch der Schöpfer der Erde mischte jedem dieser Menschen ein bestimmtes Metall in die Seele. Einigen mischte er Gold ein, den anderen Silber und den dritten Eisen. Diejenigen, die in der Seele Gold bekommen haben, wurden für die Herrscher bestimmt. Diejenige mit Silber sollten die Helfer der Herrscher sein. Und diejenige, die Eisen als Element der Seele haben, wurden zu Handwerker, zu Hirten oder zu Bauern bestimmt. Weiter besagt der Mythos, dass die Kinder normalerweise dasselbe Metall in der Seele tragen,

---

[12] Wolfgang Röd. Der Weg der Philosophie. Band I. . C. H. Beck. München. 1994. S. 135
[13] Wolfgang Röd. Der Weg der Philosophie. Band I. . C. H. Beck. München. 1994. S. 136
[14] Andreas Graeser. Die Philosophie der Antike 2. C. H. Beck. München. 1993. 2. Auflage. S.184
[15] Andreas Graeser. Die Philosophie der Antike 2. C. H. Beck. München. 1993. 2. Auflage. S.184

wie die Eltern, es kann aber geschehen, dass die Kinder von Herrschern auch Eisen in der Seele tragen können und dass die Kinder der unteren sozialen Schichten manchmal auch Gold oder Silber in der Seele tragen. Dann sollten sie zum richtigen Stand zugeordnet werden. Die menschliche Seele ist auch in drei Teile unterteilt, wir haben einen vernünftigen, einen affektiven und einen treibhaften Seelenteil. Alle diese Seelenteile sollten zueinander in einem Verhältnis stehen, wo die niedrigen Teile den höheren Teilen untergeordnet sind. Wenn das der Fall ist, dann ist ein Mensch gerecht.[16] Genauso ist es mit dem Staat. Die Stände und Ränge im Staat sollten parallel zum Metall-Mythos und zu den Seelenteilen verlaufen. Die niedrigeren Stände sollten den höheren Ränge untergeordnet sein. Auch im platonischen Staat gibt es drei Stände. Die Regierenden, die in der Seele Gold haben und auch als Philosophenkönige bekannt sind, bilden den höchsten Stand. Sie besitzen die Weisheit als Tugend, dazu auch noch Tapferkeit und Besonnenheit. Die Wächter, die in der Seele Silber tragen, sind der mittlere Stand. Sie besitzen Tapferkeit und auch Besonnenheit als Tugenden. Der niedrigste Stand sind die Arbeiter und Bauern, die als Tugend nur die Besonnenheit besitzen[17].

Die Gerechtigkeit als persönliche und politische Tugend ist den anderen übergeordnet. Sie besteht dann, wenn es unter den Seelenteilen und unter den Ständen im Staat das richtige Verhältnis gibt.[18] Nur so kann die Politeia gerecht funktionieren. Plato definiert die Gerechtigkeit in der Politeia, dass jeder "das Seinige tut"[19]. Demnach ist es gerecht, nur das zu tun, wozu man geboren wurde. Keiner, der nur Besonnenheit als Tugend besitzt, soll Herrscher sein. Und keiner, der auch Weisheit als Tugend besitzt, soll Arbeiter oder Wächter sein. Somit verlangt Plato eine Oligarchie[20] der Weisen, wie er es in seiner Erziehung gelernt hatte, denn seine Onkel waren einige Zeit auch Oligarchen in Athen.

2.3.2 Die drei Kardinaltugenden: Weisheit, Tapferkeit und Besonnenheit

Wie auch der Metall-Mythos, besagt, gibt es verschiedene Tugenden für verschiedene Gruppen der Menschen, je nachdem, wie sie geboren wurden bzw. was ihre Fähigkeiten sind. Wie schon gezeigt, gibt es für Plato eine Parallele zwischen dem Staat und der menschlichen

---

[16] Wolfgang Röd. Der Weg der Philosophie. Band I. . C. H. Beck. München. 1994. S. 136
[17] Wolfgang Röd. Der Weg der Philosophie. Band I. . C. H. Beck. München. 1994. S. 137
[18] Wolfgang Röd. Der Weg der Philosophie. Band I. . C. H. Beck. München. 1994. S. 137
[19] Andreas Graeser. Die Philosophie der Antike 2. C. H. Beck. München. 1993. 2. Auflage. S.186

Seele. Die Seele besteht aus drei Teilen, einem denkenden bzw. rechnenden Teil *(logistikon)*, einem mutartigen Teil *(thymoeides)* und einem begehrenden Teil *(epythimetikon)*. Plato meint, diese Teile seien genau nach bestimmten Tugenden erkennbar. Der denkende Teil verwirklicht und beherbergt die Tugend der Weisheit. Der mutige Teil erzeugt die Tugend der Tapferkeit, und der begehrende Teil braucht dann die Tugend der Besonnenheit. Die Gründe, warum Plato diese Unterscheidung macht, sind folgende:

„a) Nach dem Satz vom verbotenen Widerspruch gilt, dass ein und dasselbe Ding nicht zur selben Zeit in gleicher Hinsicht einander widersprechende Bestimmungen haben kann.

b) Der Mensch vollzieht aber gleichzeitig gegensätzliche Handlungen und Willensäußerungen.

c) Also kann es nicht der Fall sein, dass der Mensch diese Handlungen mit ein und demselben Vermögen vollzieht."[21]

Alle drei Tugenden befinden sich im bestimmten Teil des Körpers jedes Menschen. Die Weisheit ist im Kopf, der Mut im Herz und die Besonnenheit im Bauch. Die Teile müssen zueinander in einem gerechten Verhältnis untereinander sein, sie bilden somit die innere Gerechtigkeit in einem Menschen.[22]

Wenn dieses Konzept auf den Staat übertragen wird, geschieht das gleiche. Wenn die richtigen Menschen an richtigen Positionen sind, ergibt sich ein gerechter Staat, der wie ein perpetuum mobile ohne Reibungen funktioniert und gerecht ist. Daraus ergibt sich, wenn die Menschen in der Polis gerecht sind, wird auch die Polis gerecht. So wie es in der Polis keine Exzesse und Defizite geben darf, darf es auch in der Seele des einzelnen keine Exzesse und keine Defizite geben.[23]

Es müssen die richtigen Menschen die für sie richtigen Positionen im Staat besetzen, damit ein Staat gerecht ist. Das kann ich am besten mit einem Diagramm zeigen:

---

[21] Graeser a.a.O. S.185
[22] Soprosyne erreichen – Abgewogenheit.
[23] Wenn es Exzesse und Defizite gibt, werden sowohl die Seele als auch der Staat krank.

Körperteil	Seelenteil	Stand	Tugend
Kopf	Vernunft	Herrscher[24]	Weisheit
Herz	Mut	Wächter	Tapferkeit
Bauch	Begierde	Handwerker, Bauern	Besonnenheit

Abb. 1

2.3.3 Das Gute und die Ideenlehre

Die Frage: „Was ist das Gute?" war schon immer ein zentrales Thema in der Philosophie. Für Plato ist die Idee des Guten die höchste und wichtigste aller Ideen. Sie ist identisch mit der Idee des Einen und stellt die „Sonne" des Ideenhimmels dar, welche alle anderen Ideen beleuchtet und ihnen ihren Ort zuweist.[25]

Damals nämlich, als Sokrates[26] und Plato wirkten, war Athen ein Stadtstaat, wo die Sophisten die Lehrer der traditionellen Moral waren. Die Begriffe innerhalb der traditionellen Moral waren aber nicht deutlich ausgearbeitet, sie waren von aufrichtigen Absichten der Einzelnen abhängig.

Plato meinte, dass die Gegenstände in unserer Welt eher die Schatten der Urformen sind.[27] An der Stelle ist es sehr wichtig, zwischen der Erkenntnis *(noesis)* und der Meinung *(doxa)* zu unterscheiden. Das Meinen ist immer weniger klar als das Wissen. Am besten kann man das mit einer Allegorie zeigen, und zwar mit der Liniengleichnis:

Sokrates sagte zu Glaukon, er solle eine Linie zeichnen und sie an zwei ungleiche Teile teilen. Ein Teil der Linie steht für die Meinung und der andere Teil steht für die Erkenntnis. Die unterschiedliche Größe beider Teile zeigt, wie Meinung und Erkenntnis auch von der Klarheit her und den damit verbundenen Objekten unterschiedlich sind. Wir wissen nicht ganz genau, welcher Teil größer ist.[28] Die ganze Linie hat fünf Punkte, von A bis E. Die Linie ist in zwei Hauptteile geteilt, ein Teil ist der Teil der Meinung, das ist die Welt der Sinneserfahrungen (A bis C); und der andere Teil ist die Erkenntnis, das ist der denkenden Welt (C bis E). Beide Teile sind noch in Unterteile geteilt und es geht dabei um eine ontologische und epistemische

---

[24] Philosophen
[25] Beschrieben im Höhlengleichnis.
[26] Hauptdarsteller in meisten Werke Platos.
[27] Wie auch im Höhlengleichnis gezeigt wird, wenn das Feuer die Gegenstände beleuchtet und der Gefangene nur Schatten sieht.
[28] Laut Proclus teil des Wissens, laut Plutarch teil des Meinens.

Hierarchie. Der erste Unterteil (A bis B) heißt auf der epistemologischen Ebene *ekasia*[29]. Diese ist ontologisch auf die Schatten und Spiegelbilder gerichtet, also auf alle Objekte, die nur durch die Vermutung wahrgenommen werden können, dass es um Gegenstände geht. Sie werfen Schatten oder spiegeln sich, sind aber nicht in unserem direktem Blickfeld. Der zweite Unterteil (B bis C) bezieht sich an den Glauben *(pistis)*. Dabei geht es um das Vertrauen in die Sinnenwelt, dass alle Informationen, die wir von unseren Sinnesorganen erhalten, auch wahr und richtig sind. Der Wahrheitsgehalt von diesem Teil ist größer als bei der *ekasia*.

Nun kommt man zum zweiten Hauptteil, wo die Welt des Denkens beschrieben ist. Im ersten Unterteil (C bis D) beschreibt Plato das begriffliche Denken der Mathematiker *(dianoia)*. Als ihre Objekte werden die Gegenstände der Mathematik genannt, vor allem ideale geometrische Figuren. Die durch Dianoia erreichbare Einsicht bedarf der Begründung durch Beweis. Sie führt zur Verstandesgewissheit und ist eineVoraussetzung dafür, dass man zu den ewigen Ideen als den Grundprinzipien gelangt.

Die Mathematiker setzen ihre Begriffe als bekannt voraus und legen sie ihren Beweisgängen zugrunde, als wüssten sie darüber Bescheid. Sie klären ihre Begriffe aber nicht auf und sind außerstande, sich und anderen darüber Rechenschaft zu geben, was die damit bezeichneten Dinge in Wirklichkeit sind. Da sie ihre Voraussetzungen nicht prüfen, gehen sie nicht zum „Anfang" zurück und erlangen über ihn kein Wissen. Ihre Ausgangspunkte sind nur Annahmen, von denen sie zu Folgerungen fortschreiten.

Im zweiten Unterteil (D bis E) geht es aber um die Vernunftseinsicht *noesis*[30], wo die ewigen Ideen und die wahren Formen erkannt werden. Der *Noesis* weist Plato den höchsten Erkenntniswert zu. Sie benötigt keine Hilfsmittel aus der sinnlichen Anschauung, sondern findet ausschließlich innerhalb des rein geistigen Bereichs statt und erreicht den voraussetzungslosen wirklichen Anfang, den sie dann zum Fundament macht. So gewinnt sie einen festen Stand. Diese Vorgehensweise bezeichnet Platon als „dialektisch"[31]. Der Dialektiker ist in der Lage, methodische und andere Defizite der Mathematik zu erkennen und korrekte Aussagen über den Status mathematischer Gegenstände zu machen.[32] Die Aufgabe

---

[29]Platon, Politeia 509b–510a
[30] Auch episteme, aber in der Forschungsliteratur wird der oberste Teil der Linie eher als noesis beschrieben.
[31]Unter Dialektik versteht man die Untersuchungsmethode der Philosophie, die aus seiner Sicht allein den Kriterien der Wissenschaftlichkeit genügt.
[32]Otfried Höffe (Hrsg.): Platon: Politeia, 3. Auflage, Berlin 2011, S. 175–191

der Dialektik ist es, die objektiven Begriffsgehalte, die ewigen Ideen in ihrem Wesen und Gesamtzusammenhang zu erfassen.um das besser zu klären, folgt noch eine Abbildung[33]:

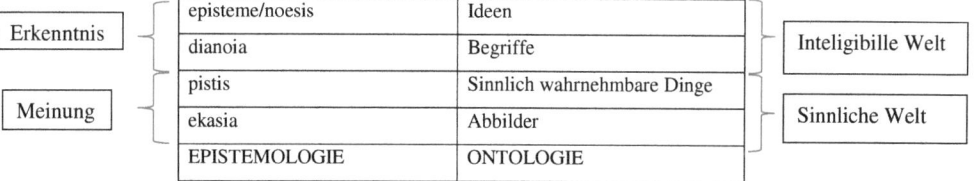

Abb.2

Die Idee des Guten ermöglicht (ontologisch gesehen) alles, was in der Welt der ewigen Ideen lebt, so wie die Sonne das in der sinnlichen Welt ermöglicht.

Nach Plato sind unsere Begriffe nicht nur Abstraktionen der konkreten Dinge, sondern Abbildungen von höheren Wahrheiten, die »Ideen« benannt werden. Sie sind die Archetypen von allem, was in der sinnlichen Welt lebt. Sie sind außerhalb von Zeit und Raum. Wir können die Ideen nicht wahrnehmen, sondern nur denken. Sie sind nicht geschaffen, sondern unzerbrechlich, unveränderlich und somit ewig. Sie sind aber auch nicht absolut wahr, denn sie sind immer noch ein Teil von etwas, was Plato als das »Gute« nennt und zwar auf gleiche Weise, wie sinnliche Dinge von der Sonne abhängig sind. Also das Gute ist sozusagen die höchste Idee, die Idee aller anderen Ideen, das absolute Wert, die ganze Wahrheit.

Aber wie kann die Welt der ewigen Ideen von uns Menschen wahrgenommen werden? Nur so, dass die Vernunft im Ganzen die Sinne transzendiert, die für die Welt der Entstehung d.h. sinnliche Welt, verantwortlich sind. Die Welt des Werdens verhielt sich feindlich zur Welt des Seins.[34]

Was im Höhlengleichnis die Höhle ist, ist an der gezeichneten Linie und in der Wahrheit[35] die sinnliche Welt. Und was im Höhlengleichnis die Welt außerhalb der Höhle ist, ist an der Linie und in der Wahrheit die intelligible Welt. Was in der Höhle das Feuer ist, ist die Sonne in unserer Welt[36]. Und was im Höhlengleichnis die Sonne ist, das ist in der Wahrheit die Idee des Guten.

---

[33] Donald Palmer. Does the centre hold?. S. 51
[34] Palmer, a.a.O., S. 53
[35] Zumindest bei Platos Wahrheit.
[36] Damit meine ich die Welt, die wir sehen.

Die Idee des Guten ist der Urgrund der Gerechtigkeit, der Schönheit und der Wahrheit. Ohne die Erfassung der Idee des Guten ist es unmöglich, die Wahrheit anzuschauen.

Derjenige, der den Staat führen wird, soll die Idee des Guten erkennen. Zum Vergleich, wie der sich fühlt, der zum ersten Mal die Welt der Ideen sieht, zeigt Plato, wie sich derjenige fühlt, der zum ersten Mal aus der Höhle kommt.

Das Gute ist also der Schlüsselreiz der Ideenlehre und der ganzen Staatsphilosophie da ohne das Erkennen dieser Idee kein Philosoph König sein kann und auch kein König als Philosoph wirken kann. Somit können keine Polis und auch kein Mensch vollständig gerecht sein.

2.3.4 Die Philosophenkönige

Die Philosophenkönige sind also die besten Herrscher des Staates. Plato verlangt in der "Politeia", dass die wahren Herrscher nur die Philosophen sind, weil nämlich nur die wahren Philosophen die Idee des Guten erkennen können. Nur sie haben die Einsicht in das Gute.

Plato zeigt anhand einer Allegorie, den Gleichnis vom Staatsschiff[37], warum es notwendig ist, dass das philosophische Wissen auch die tatsächliche Macht im Staat hat. Das Volk (*demos*) ist als mächtiger, aber naiver und kurzsichtiger Schiffseigner charakterisiert. Dieser Schiffseigner weiß nicht viel über die Seefahrt, denn er besitzt keine von notwendigen Kenntnissen für die Seefahrt. Seine Matrosen sind Personen, die auch nicht viel davon wissen, aber sie glauben, dass man dafür keine besonderen Kenntnisse bedürfe. Sie versuchen, den Schiffseigner zu überzeugen, einer von ihnen solle das Ruder übernehmen.[38] Plato sagt sogar, dass sie alles Mögliche tun, damit sie das Ruder übernehmen können. Sie töten einander und machen den Schiffseigner betrunken. Wenn sie den Schiffseigner beherrschen, loben sie ihn als den einzigen, der den richtigen Weg kennt. Mit diesen Matrosen meint Plato wahrscheinlich die Sophisten und die Politiker, die Macht besitzen wollen und dafür die Methode der Demagogie benutzen. Weiterhin zeigt Plato auch, dass es unter den Seemännern auch solche gibt, die das Seewesen erlernt haben. Diese kennen die wahren Mittel und Weisen, wie man navigieren soll, wie man tatsächlich ein Schiff lenken soll. Sie sind mit der Situation am Schiff unzufrieden. Aber sie sind in der Minderheit und werden von anderen »Himmelgucker« benannt und als überflüssig bewertet. Das sind dann die Philosophen. Doch sie seien die Einzigen, die den Staat führen könnten, meint Plato. So wie der Kapitän eine

---

[37] Plato. Der Staat. Verlag von Dr. Werner Klinkhardt. Leipzig. 1908. S. 194
[38] Andreas Graeser. Die Philosophie der Antike 2. C. H. Beck. München. 1993. 2. Auflage. S.190

Menge theoretisches Wissen besitzen muss, um das Schiff erfolgreich zu lenken, so muss auch der Regent im Staat über verschiedene Arten von Erfahrungen, Wissen und Kenntnissen relevanter Fakten verfügen.[39]

Deshalb wäre es wichtig, dass die Führenden im Staat tatsächlich Philosophen wären und keine Sophisten. Die philosophischen Lehren der Sophisten hielt Plato nämlich für gefährlich und er wollte sie unterdrücken.[40]

Die Philosophen-Könige sind nun diejenigen, die die Gesetze, denen die Wirklichkeit unterworfen ist, erkennen. Das sind diejenigen, die die wahre Einsicht haben und die volle Erkenntnis besitzen. Sie sind in ihren Entscheidungen von den bisherigen Gesetzen unabhängig, weil sie ihrer höchsten Einsicht folgen und das, was mit dem letzten Staatszweck nicht vereinbart werden kann, ablehnen.[41]

Diese Philosophen-Könige sind diejenigen, die im Höhlengleichnis aus der Höhle kommen und langsam erlernen, wie man die Sonne, die Metapher für die Idee des Guten ist, schauen kann. Sie kennen die wahren Gegenstände und nicht nur die Schatten davon.

Um Philosophen-Könige richtig zu erziehen, benötigt Plato die richtige Ausbildung. Dem Nachwuchs der Herrschaftsschicht soll das erforderliche Wissen vermittelt werden. Das Fundament bilden Mathematik und Philosophie, darunter vor allem die Ideenlehre. Die zukünftigen Herrscher bilden sich zusammen mit den zukünftigen Wächtern auch in der Musik und Gymnastik aus. Später werden sie von denen separiert und ihnen wird nur noch das Herrschaftswissen übermittelt. Somit entsteht eine Geistesaristokratie, die das ganze Leben dem Studium der ewigen Ideen und Regieren widmet.[42] Diese Ausbildung ist gleich für beide Geschlechter, also man kann Philosoph und König werden, egal ob Mann oder Frau ist. Das begründet Plato mit einem Bild, wo er Hündinnen und Hunde vergleicht. Er sagt, dass die Hündin gleiche Aufgaben wie ein Hund erfühlen kann, außer wenn sie Welpen hat. Also haben auch ein Mann und eine Frau das gleiche Gemüt und deshalb werden Frauen den Männern in der Philosophie gleichgestellt und in gleichen Bereichen erzogen und geübt.

---

[39] Andreas Graeser. Die Philosophie der Antike 2. C. H. Beck. München. 1993. 2. Auflage. S.192
[40] Wolfgang Röd. Der Weg der Philosophie. Band I. . C. H. Beck. München. 1994. S. 138
[41] Wolfgang Röd. Der Weg der Philosophie. Band I. . C. H. Beck. München. 1994. S. 138
[42] Wolfgang Röd. Der Weg der Philosophie. Band I. . C. H. Beck. München. 1994. S. 138

2.3.4 Die Erziehung von Philosophenkönigen

Platon zeigt den Weg der Erziehung mit dem Höhlengleichnis an, denn im Höhlengleichnis sind alle vorherigen Gleichnisse enthalten (Sonnengleichnis[43], Liniengleichnis[44]). Genau in dem Gleichnis zeigt Plato den Weg, den der Mensch gehen muss, damit er oder sie gebildet bzw. erzogen wird. Denn die Befreiung von den Fesseln der Nichtswissenden schmerzt. Es ist unmöglich ins Licht zu sehen, und man kann nicht glauben, dass die wahren Dinge anders sind als die vorher geschauten. Der Unterschied zwischen den philosophisch erzogenen und den unerzogenen Menschen liegt vor allem in der Stufe der Wahrheitswahrnehmung. Das Ziel der Erziehung und Schulung ist also, die höchste Stufe der Wahrheitswahrnehmung zu erreichen, um die ewigen Ideen zu schauen.

Die Erziehung ist also ein schmerzhafter Prozess, der nur stufenmäßig möglich ist. Wenn eine Stufe nicht angeeignet ist, dann ist es unmöglich, die nächste Stufe zu lernen.

Dem Nachwuchs der Herrschaftsschicht soll das erforderliche Wissen auf vielen Stufen im allen Bereichen vermittelt werden[45]. Das Fundament bilden Mathematik und Philosophie, darunter vor allem die Ideenlehre. Aber zuerst werden alle zukünftige Wächter und Herrscher in der Musik und Gymnastik ausgebildet. Später werden die zukunftige Herrscher von den Wächtern separiert und nur noch in der Dialektik unterrichtet. Mit Dialektik ist die Fähigkeit gemeint, den Gegenstand einer Untersuchung in seine Wesensbegriffe zu zerlegen. Ferner verlässt die Dialektik die sinnliche Anschauung und steigt zu den ewigen Ideen selbst auf, sie denkt die Ideen durch diese selbst und endet bei ihnen.[46]

Dialektik bedeutet auch ein solches Verständnis von Frage und Antwort, dass dabei die Sache, um die es geht, hinsichtlich ihres Wesensbegriffs erfasst wird.[47]

Die Dialektik in ihrem reinen Sinn hat immer die Idee des Guten im Ziel. Somit ist gerade die Dialektik die Anleitung zum Aufstieg zur höchsten Idee des Guten.

Sie steht an der Spitze von Platos Erziehungsprogramm, da sie für ihn auch als die höchste aller Wissenschaften ist. Sie ist die notwendige Wissenschaft für die Wahrnehmung der Idee des Guten.

---

[43] Idee des Guten und die Wahrheit werden mit der Sonne identifiziert.
[44] Siehe S.11/12
[45] Wobei allerwichtigste die Dialektik ist.
[46] Politeia, VI 511 (b – c)
[47] Politeia, VII 534b

Diese Idee ist notwendig für die ultimative Sittlichkeit der Philosophen und als Vorbild setzt Plato den Sokrates. Damit zeigt er auch, dass ein philosophisch erzogener und ausgebildeter Mensch[48] die Fähigkeit besitzt, anderen (die noch nicht „aus der Höhle gekommen sind") mit Erziehung zu helfen, wie das Sokrates gemacht hat.

3. Staatslehre bei Konfuzius

3.1 Gründe seiner Lehre: Über Konfuzius' Leben und die Welt in seiner Zeit

Konfuzius wurde im 551 v. Chr. in der Provinz *Schandong* im Fürstentum *Lu* geboren.[49] Ursprünglich war sein Name *Kong Qiu* oder *Kong Zhongni* und erst später bekam er den Namen oder den Titel, nach welchem er bekannter wurde: *Kong Zi*. Das bedeutet *Meister Kong*. Dieser Titel wurde von jesuitischen Missionaren in Europa und somit in der westlichen Welt als *Confucius* latinisiert. *Meister Kongs* Vater war ein erfahrener Feldherr im Fürstentum *Lu*. Er starb, als *Konfuzius* drei Jahre und seine Mutter 18 Jahre alt waren. Seit dem lebten beide in großer Armut.[50]*Konfuzius* zeigte sehr früh Interesse für verschiedene Riten. Mit fünfzehn Jahren begann er sein Lernen an der Kriegerschule und hörte damit nie auf. „Als ich fünfzehn war, war mein ganzer Wille auf das Lernen gerichtet. Mit dreißig stand ich fest. Mit vierzig hatte ich keine Zweifel mehr. Mit fünfzig kannte ich den Willen des Himmels. Als ich sechzig war, hatte ich ein feines Gehör, um das Gute und das Böse, das Wahre und das Falsche herauszuhören. Mit siebzig konnte ich den Wünschen meines Herzens folgen, ohne das Maß zu überschritten." (Lunyu, 2.4)[51]

Kong Zi besuchte eine Schule für junge Krieger, wo er verschiedene Kampftechniken, Riten, Geschichte des Fürstentums, die Gesetze und die moralischen Regeln für Zusammenleben im Staat erlernte.[52] Mit 19 wurde Konfuzius zum ersten Mal verheiratet und bekam eine Arbeit in der Verwaltung des Fürstentums. Sehr früh fing er an Schüler zu unterrichten und durfte eine Schule für junge Kämpfer auch leiten. Er sammelte Weisheiten, Geschichten, Annalen und

---

[48] Beide Begriffe enthalten gleiche Qualitäten – erzogen ist auch ausgebildet.
[49] The Online Library of Liberty:
http://oll.libertyfund.org/index.php?option=com_content&task=view&id=233&Itemid=269, Stand: 17. 12.2013 um 14.00
[50] Konfucij. Pogovori. Cankarjeva založba. Ljubljana. 1988. S. 8
[51] Konfuzius. Gespräche. Reclam Verlag. 1998. Leipzig. S.10
[52] Anton Grabner-Haider. Philosophie der Weltkulturen. Marix Verlag. Wiesbaden. 2006. S. 58

gab diese an seine Schüler weiter. Diese schrieben dann seine Lehre auf und erlernten dabei noch das Schreiben, die Musik und das Malen.

Meister Kong wurde von seinen Schülern als Lehrer sehr geschätzt. Dabei war er der Meinung, dass es notwendig ist, dass die Ausbildung jedem, der sie haben will, auch angeboten wird. Das Honorar für seine Arbeit war gering und oft symbolisch. „Ich habe niemandem – sofern er nur etwas, und war es noch so wenig, mitbrachte – jemals die Unterweisung verweigert." (Lunyu, VII/7)[53]

Nach dem Tod seiner Mutter hatte er mehrere Positionen in Staatsämtern. Danach ging er noch in andere Fürstentümer, um dort die Riten zu studieren. Nach der Rückkehr gründete er seine eigene Kriegerschule. Er wurde auch Berater des Fürsten in der Zeit der konkurrierenden Reiche. Er geriet in einen Konflikt mit dem Fürsten, als dieser einen der traditionellen Riten vergaß.

Sein Schüler *Meng zi (Mencius)* behauptete, Konfuzius verfasste die Annalen „Frühling und Herbst" selbst, aber das lässt sich historisch nicht bestätigen.[54] Aber mit Sicherheit kann man behaupten, dass andere seines Werke, wie „Gespräche", „Buch der Riten", „Buch der Lieder",... von seinen Schülern aufgeschrieben wurden, als eine Interaktion zwischen dem Meister Kong und dem Schüler.

China war zu seiner Zeit in viele Fürstentümer geteilt, die aber nicht ruhig miteinander lebten, sondern sie waren im ständigen Konflikt. Eigentlich wurde die chinesische „Philosophie aus einer politischen Gesamtsituation heraus geboren"[55]

Konfuzius lebte in der Zeit der Dynastie Zhou. Das Reich wurde damals in neun Provinzen und ca. 1700 Lehen geteilt. Es gab fünf Rangklassen von Lehnsherren, eine Hofhaltung mit königlichen Inspektionsreisen und ein diplomatisches Protokoll für den Umgang zwischen dem König und seinen Lehnsherren. Die Staatsverwaltung wurde aus drei Großherzogen und sechs Ministern organisiert.

Die Macht der Lehnsherren richtete sich nach der Anzahl ihrer Streitwagen, ihren religiösen Privilegien (Opfer, Tänze, Hymnen), dem Alter ihrer Traditionen, ihrer Beziehung zum Fürsten und natürlich ihrem Reichtum. Bronzegefäße dienten dem Ahnenkult,

---

[53] Konfuzius. Gespräche. Reclam Verlag. 1998. Leipzig. S. 39
[54] Anton Grabner-Haider. Philosophie der Weltkulturen. Marix Verlag. Wiesbaden. 2006. S. 59
[55] Wolfgang Bauer. Geschichte der chinesischen Philosophie. C. H. Beck. München. 2009.S. 51

ihre Inschriften enthielten Hinweise über den Rang der betreffenden Familie. Insgesamt kann man sagen, dass ein komplexes System der Kulthierarchien und der Riten den Zusammenhalt des Staates bestimmte.

Es gab Steuern („mittleres Quadrat"), Frondienste und Kriegsdienste. Im 6. Jh. v. Chr. verzeichnet man bereits die Agrarsteuer in den Teilstaaten Lu und Zheng, Waffen und Getreideabgaben ersetzten den Kriegsdienst. Die Gesetze wurden in Bronze geschrieben, aber es gab wenige Beamten zur Überwachung ihrer Befolgung.

In der Philosophie waren neben Konfuzius noch *Laozi*, der Gründer des Daoismus, *Mengzi* und *Mo Di* als tätig. Besonders zu der Zeit der Frühlings- und Herbstannalen und der Zeit der streitenden Reiche blühte die politische Philosophie aufgrund der schwierigen Verhältnisse zwischen den Fürstentümern. Wandernde Lehrer und Berater (allein schon Konfuzius hatte 72 bedeutende Schüler) versuchten, die Regierung die Teilstaaten effektiver zu organisieren und den inneren Frieden zu festigen.

3.2 Konfuzianismus und seine Auswirkungen

3.2.1. Seine Lehre

Wenn man die Lehre des Konfuzius im Ganzen betrachtet, fällt es zuerst schwer, etwas Außergewöhnliches zu entdecken, was den Einfluss, welchen seine Lehre schon über zweieinhalb Jahrtausende in China hat, verständlich machen würde. Vermutlich war er der erste chinesische Philosoph, der eine eigene Schule gründete. Er erlangte so viele Anhänger, die von ihm inspiriert wurden und seine Gedanken, Ideen und Lehre weiter trugen. Der Grund, dass seine Lehren schon so lange wirksam sind, liegt wahrscheinlich darin, dass sie so sehr allgemein gehalten sind und viel Platz für verschiedene Interpretationen lassen. Der Erfolg seiner Lehren könnte auch der sein, dass Konfuzius über sich nie sagte, er sei Begründer des Neuen. Er bezeichnete sich immer bloß als Überlieferer und Erneuerer alter Wahrheiten.[56]

„Ich übermittle, aber ich schaffe nichts Neues. Ich glaube an das Alte und ich liebe es. Darin vergleiche ich mich mit unserem Lao Peng.[57]" (Lunyu, VII/1)[58]

---

[56]Wolfgang Bauer. Geschichte der chinesischen Philosophie. C. H. Beck. München. 2009. S.54
[57] Wer Lao Peng war, ist nicht bekannt. (Gespräche, Reclam 1998, S.143)

Ein sehr wichtiger Teil konfuzianischer Lehre ist „ren". Dieser Ausdruck „ren" könnte unter anderem als ‚Menschlichkeit'[59] oder als ‚Menschenliebe'[60] übersetzt werden, doch eine präzise Übersetzung dafür oder Abgrenzung gibt es nicht. Manchmal ist es mit „ren" in konfuzianischen Texten auch als ‚Mensch' gemeint.[61] Laut W. Bauer ist das Wort „ren" ursprünglich absolut identisch mit dem Begriff ‚Mensch'. In der vorkonfuzianischen Zeit bedeutete das Adjektiv „ren" ‚freundlich' oder ‚menschenfreundlich'. Erst bei Konfuzius erhielt dieser Begriff eine zentrale Bedeutung.[62]

Eine etymologische Analyse zeigt, wie das chinesisches Schriftzeichen „ren" aus zwei Teilen besteht. Aus „Person" und „zwei".[63] Daraus kann man auch schliessen, dass ein Mensch nicht alleine *menschlich* werden kann. Eine Interaktion ist notwendig. Ein Mensch braucht sein soziales Umfeld, um menschlich zu werden. In konfuzianische Lehren ist „ren" aber ein Ideal, eine Tugend, die wahre Sittlichkeit, unter welche sich alle andere Tugenden einordnen lassen. Es ist ein Ideal, nach welchem edle Menschen ihr ganzes Leben streben, ein ultimatives Ziel.

Konfuzius sprach: „Was Vollkommenheit und wahre Sittlichkeit (ren) betrifft – wie könnte ich es wagen, mich dessen zu rühmen! Ich strebe danach, ohne nachzulassen; ich lehre andere, ohne es müde zu werden. Das könnte von mir gesagt werden, aber nicht mehr." Gong-xi Hua meinte daraufhin: „Gerade das ist es, was wir Schüler nicht zu lernen vermögen."[64] (Lun yu, VII/34)

Aber wie kam es dazu, dass „ren" umformuliert wurde? Bis zu der frühen Zhou-Zeit[65] war der Kult des Ahnen von der Regierung nicht getrennt, sondern hatten eine große Bedeutung für die Welt der Toten und für die Natur bzw. für die Geister der Ahnen und der Natur. Die Menschen wurden durch den Herrscher in diesem Weltbild vertreten. Als der Kult der Ahnen von der Regierung immer mehr getrennt wurde, bekam die reale Welt wesentlich mehr Bedeutung, und somit wurde auch den einzelnen Menschen auch mehr Bedeutung zugeschrieben.

---

[58] Konfuzius. Gespräche. Reclam Verlag. 1998. Leipzig. S. 38
[59] Wolfgang Bauer. Geschichte der chinesischen Philosophie. C. H. Beck. München. 2009. S.56
[60] Im Konfuzius. Gespräche. Reclam Verlag. 1998. Leipzig, wurde als »Menschenliebe« übersetzt.
[61] Vincent Shen. Dao Companion to Classical Confucian Philosophy. Springer. Dordrecht. 2014. S.59
[62] Wolfgang Bauer. Geschichte der chinesischen Philosophie. C. H. Beck. München. 2009. S.57
[63] Vincent Shen. Dao Companion to Classical Confucian Philosophy. Springer. Dordrecht. 2014. S.60
[64] Gespräche, VII/34
[65] Kaisertum

In dieser Zeit kam es zu einer Art kopernikanischen Wende in der Weltdeutung, denn bis dahin drehte sich die Deutung um die Geister der Ahnen und der Natur aber langsam wurde diese Denkweise geändert. Der Mensch wurde in den Mittelpunk des Denkens gebracht. Konfuzius gilt als ein Hauptvertreter dieses realistischen Denkens. [66]

Wie wichtig war es für ihn, dieses realistische Denken zu fördern und eine gewisse Distanz zur Geisterwelt zu halten? Dies wird deutlich: „Zi-lu fragte, wie man Geistern dienen solle. Konfuzius antwortete: „Wer nicht den Menschen zu dienen versteht, wie kann der den Geistern dienen?" Dann fragte Zi-lu nach dem Tod, und der Meister gab zur Antwort: „Wer noch nicht das Leben kennt, wie will der wohl den Tod begreifen?""(Lunyu, XI/12)[67]

Der andere Begriff, welchen Konfuzius veränderte, ist der Begriff „junzi", was ursprünglich „Fürstensohn" bedeutete. Er verwendete diesen Begriff eher im ethischen Sinne, als „Edler". Der Begriff wurde nicht mehr nur für Adeligen verwendet, sondern für alle, die sich moralisch gut verhalten. Das Gegenteil zu diesem Begriff ist der Begriff „xiao ren", was „kleiner Mensch" bedeutet. Konfuzius verwendete diesen Begriff auch im moralischen Sinne als das Gegenteil zu „Edel", also als „Unedel" oder moralisch Böse.[68]

Mit der Verwendung dieser Begriffe hatte Konfuzius wahrscheinlich noch eine andere Absicht. Er wollte damit auch die Herrscher ansprechen. Er glaubte nämlich, genau der Herrscher sei der, der als Vorbild wirken muss und der „ren" verwirklichen soll. Für Konfuzius war das Wichtigste die Moral des guten Zusammenlebens, darunter befindet sich auch die „Goldene Regel". Diese goldene Regel der Moral kommt in allen Weltreligionen vor. In der abendländischen Welt fasst sich diese am besten mit folgenden Sprichwort zusammen: „Was du nicht willst, das man dir tut, das füg auch keinem anderen zu." Konfuzius sprach darüber und formulierte seine goldene Regel um za. 530 v.Ch.[69]: Zi-gong fragte den Konfuzius: „Gibt es ein Wort, das ein ganzes Leben lang als Richtschnur des Handelns dienen kann?" Konfuzius antwortete: „Das ist ,gegenseitige Rücksichtnahme'. Was man mir nicht antun soll, will ich auch nicht anderen Menschen zufügen"" (Lunyu, XV,24)[70]

---

[66] Wolfgang Bauer. Geschichte der chinesischen Philosophie. C. H. Beck. München. 2009. S.57
[67] Konfuzius. Gespräche. Reclam Verlag. Leipzig. 1998. S. 65
[68] Wolfgang Bauer. Geschichte der chinesischen Philosophie. C. H. Beck. München. 2009. S.57, 58
[69] Peter Stanford. 50 Schlüsselideen Religion. Springer. 2011. S. 20
[70] Konfuzius. Gespräche. Reclam Verlag. Leipzig. 1998. S. 102

Es besagt das Gleiche, wie das vorher erwähnte Sprichwort und meint dabei die Rücksicht auf konkrete Mitmenschen.

Die Goldene Regel des Konfuzius entspringt aus der Überzeugung, dass Edelmut und Altruismus untrennbar sind und dass es immerhin notwendig ist, alle mit dem gleichen Respekt zu behandeln und berücksichtigen

Diese Goldene Regel ist sehr wichtig für das gemeinsame Leben in der Sippe oder im Staat.[71]

Konfuzius glaubt, dass das richtige Verhalten im Staat bzw. in jeder sozialen Struktur lernbar ist. Es ist die Aufgabe der Philosophie und der Weisheit, diese Regeln des richtigen Verhaltens im Staat zu untersuchen und lehren. Diejenigen, die diese Regeln deutlich und gründlich lernen, werden sie im Leben auch richtig und gut nutzen können. Das Ziel jedes Menschen sollte „ren" sein. Wenn ein Mensch in allen Handlungen nach „ren" strebt, wenn er mit anderen Menschen gut umgeht, wird er bald zum Jun Zi, zum edlen Menschen. Dieser edle Mensch hat hohe Würde und auch seine soziale Verantwortung ist höher und wächst. Wichtiger als das Leben nach dem Tod ist ihm das irdische Leben. Im Staat gibt es einen klaren Unterschied zwischen dem Herrscher und Krieger und dem kleinen Menschen (xiao ren). Herrscher und Krieger sollten im Staat das moralische Vorbild für alle anderen sein. Die Herrschaft muss im Staat das moralisch Beste ausüben, sie muss durch die Moral und nicht durch den Himmel legitimiert werden.[72]

3.2.2 Der ideale Herrscher

Konfuzius meinte, kein Mensch lebt für sich allein, denn alle haben soziale Pflichten gegen die Eltern, die Kinder, die Geschwister und Freunde. Ein Mensch dient immer jemandem, die Kinder dienen ihren Eltern, junge Menschen dienen den Alten. Auch der Herrscher, der Fürst und die Beamten müssen jemandem dienen, sie dienen dem Staat und haben besondere Pflichten, die erfüllt werden müssen. Alles, was der Fürst meint, ist nicht die absolute Wahrheit. Er hat auch die Beamten, die ihn auf Fehler aufmerksam machen. Aber das Recht zum Widerstand haben sie nicht.[73]

Der ideale Herrscher ist für Konfuzius ein edler Mensch. Jemand, der viel über die Regel des Zusammenlebens nachdenkt, bemüht sich, dass das gegenwärtige Leben gut ist. Er denkt nicht

---

[71] Anton Grabner-Haider. Philosophie der Weltkulturen. Marix Verlag. Wiesbaden. 2006. S. 60
[72] Anton Grabner-Haider. Philosophie der Weltkulturen. Marix Verlag. Wiesbaden. 2006. S. 59, 60
[73] Anton Grabner-Haider. Philosophie der Weltkulturen. Marix Verlag. Wiesbaden. 2006. S. 61

so viel an das Leben nach dem Tod, sondern wird mehr an das gegenwärtige Leben denken. Aber dennoch respektiert er das Schicksal. Konfuzius meint sogar, dass der edle Mensch, bzw. der Herrscher bereit ist, Unrecht auf sich zu nehmen, wenn er dadurch das Recht durchsetzen kann. In seinem Interesse ist nämlich ein guter Staat dort, wo Ordnung besteht und wo sich die Menschen sicher und geschützt fühlen.

3.3 Konfuzianismus

Der Konfuzianismus wurde aus der Lehre von Konfuzius gebildet und umfasst sämtliche philosophischen und politischen Vorstellungen in China, die in der Tradition des Denkens von Konfuzius und seinen Schülern stehen. Konfuzianismus ist keine Religion, sondern eine philosophische Ethik.[74]

Die Grundlage der konfuzianistischen Ethik ist die Menschlichkeit (jen[75]), „die sich in den fünf Tugenden der Loyalität, der Rechtschaffenheit, der Weisheit, der Schicklichkeit und der Aufrichtigkeit verwirklicht."[76] Es geht auch um die Gegenseitigkeit der Beziehungen zwischen Herrscher und Staatsdiener, zwischen Vater und Sohn, zwischen Ehemann und Ehefrau, zwischen Freund und Freund. Ein Grundzug des Konfuzianismus ist die Pietät und die Verehrung des Hergebrachten, wie auch Konfuzius lehrte.

Ein späterer Schüler von Konfuzius war Meng Zi, latinisiert als Menzius (um 370 - 289 v.Ch). Er versuchte, die Lehre von Konfuzius an konkreten Lebenssituationen anzuwenden. Seiner Meinung nach streben im Grunde alle Menschen nach dem moralisch Guten und sie sind auch fähig, dieses Gute zu tun. Von sich, also von seiner Natur aus strebt kein Mensch nach dem Erleben des Bösen. Menzius meint, dass auch Verbrecher das Gute wieder erlernen können. Ein Mensch tut das Böse nur, wenn er ein böses Vorbild hatte oder wenn seine Lebensumstände nachteilig waren[77]. Kein Mensch muss aber ein Verbrecher bleiben, denn die Aufgabe der Weisen ist es, „die Mitmenschen zur guten Handlungen anzuspornen."[78] Im Staat sollten alle nach „ren" streben, auch der Fürst und seine Beamten. Wenn ein Fürst nach den Prinzipien von „ren" lebt und regiert, braucht er keinen Feind zu fürchten, denn das ganze Volk wird ihn verteidigen. Wer aber herrscht, ohne „ren" zu berücksichtigen, wird schnell als

---

[74] CRI Online: http://german.cri.cn/chinaabc/chapter17/chapter170204.htm (Stand: 9.4.2014)
[75] oder Ren, wie in meinem Text geschrieben wurde.
[76] Schülerduden Philosophie. Dudenverlag. Mannheim. 2009.
[77] Grabner-Haider, a.a.O., S. 62
[78] Grabner-Haider, a.a.O., S. 62

Herrscher gestürzt. Er meint, dass alle Herrscher, die bis jetzt gestürzt wurden, sich von der Menschlichkeit abwandten, denn das Volk folgte ihnen nicht mehr. Der Krieg passiert dann, wenn alle im Staat nur nach dem persönlichen Gewinn und Vorteil streben. Der Herrscher braucht seine Beamten, damit sie ihn auf seine Fehler aufmerksam machen.

Ein guter Herrscher wird z.b. auch nie einen anderen Staat angreifen, denn damit kann er sein Volk in Gefahr bringen und viele Menschen können sterben.

Menzius übernimmt von Konfuzius die Lehre von den sozialen Beziehungen, wobei Kinder ihre Pflichten gegenüber den Eltern erfüllen müssen. „Unser Verstand muss sich immer an der Menschlichkeit und Rechtschaffenheit orientieren."[79] Wir müssen immer mitleiden, wenn wir das Leiden anderer vermindern möchten. Wir dürfen uns nicht auf das Schicksal verlassen, sondern müssen unser Leben in die Hand nehmen und wahrnehmen, dass wir selber mit unseren Taten über unser Glück oder Unglück entscheiden.

3.3.1 Konfuzianismus als Staatsideologie

Der Konfuzianismus wurde zur Staatsideologie in der Zeit der Han-Dynastie.[80] Sie regierte das Kaiserreich China von 206 v. Chr. bis 220 n. Chr.. Die Han-Dynastie war eine der grundlegendsten chinesischen Dynastien und könnte mit dem römischen Reich verglichen werden. Die Frage, warum genau in der Han-Zeit der Konfuzianismus zur Staatsideologie erhoben wurde, hat mehrere Antworten. Eine Möglichkeit wäre es, dass der Konfuzianismus unter Qin-Dynastie besonderes erbittert bekämpft wurde und daher bei dem Gegner besonderes Prestige genoss. Ein viel wesentlicher und wahrscheinlicher Grund ist es aber, dass die Han-Dynastie keiner großen Adelssippen hinter sich hatte, und daher war die Idee, die Regierung durch »Menschlichkeit« zu legitimieren, war die beste Möglichkeit. Das zeigte sich schon ganz am Anfang, wo der erste Kaiser der Han-Dynastie für den Beamtenapparat im ganzen Reich nach Männern suchte, die wegen ihrer hohen Ausbildung und moralischen Haltung empfohlen wurden. Für diese Auswahl entwickelte man vom Konfuzianismus geprägte Staatsexamina.[81] Die Regierung von Gelehrten bedeutete für die Konfuzianer ein Sieg. Sie nannten sich „Gelehrte" und mussten über verschiedene Kenntnisse verfügen. Vor allem wichtig waren die Kenntnisse der fünf Klassiker, der kanonischen Schriften:

---

[79]Grabner-Haider, a.a.O., S. 64
[80]Bauer, a.a.O., S. 118
[81]Bauer, a.a.O., S. 118

„Wandlungen", „Urkunden", „Gedichte", „Ritualschriften" und „Frühlings- und Herbstannalen", dazu noch die „Klassiker der Musik".[82]

Der Traum von Konfuzius wurde verwirklicht und der Zugang zur politischen Macht wurde vom bestimmten Wissen abhängig gemacht. Was im Jahr 136 v.ch. geschah, war, dass diese kanonischen Schriften auch offiziell zum verbindlichen Gegenstand der staatlichen Ausbildungen der Beamten erhoben wurden. Dies stellte den wichtigsten Zugang zur Bürokratie dar. In der Folge wurde ein politischer Staatskult ausgebildet und es war eine zentrale Form der Selbstrepräsentation der Dynastie.

Diese Entwicklung bedeutete viel auch für die geschriebenen Texte. In dieser Zeit wurden nämlich viele Kommentare, Erweiterungen und Ergänzungen von überlieferten Büchern und Texten geschrieben. Das zeigt uns, dass sich die geistige Auseinandersetzung eher mit der Interpretation von schon bekannten Lehrern befasste, als mit der Entwicklung von neuen Ideen. Es ging eher um die Synthese von fertigen Lehren als um die Konzipierung neuen Ideen. Viele Lehren blieben unklar, aber trotzdem kann man sagen, dass es im Konfuzianismus der Han-Zeit ein erhöhtes Maß von Interessen an kosmologischen und ontologischen Fragen gab.

Nach dem Ende der Han-Dynastie konnte sich zum ersten Mal auch der Buddhismus in der Philosophie entfalten. Dort wurden eher die Fragen der Sprache, der Abstraktion und der Logik diskutiert.[83] Viele Anhänger der konfuzianistischen Philosophie meinten, dass der Buddhismus eine Bedrohung des Staates darstellt, denn die Passivität, die mit dem Buddhismus mitgebracht worden war, bedeutete nichts Gutes für das Zusammenleben. Buddha wurde oft als ein Barbar angesehen, der das Leben in einem Staat oder einer Sippe gar nicht verstand.

Im 9. Jahrhundert n.Ch. versuchte der Lehrer *Li Ao*, die Lehren von Konfuzius weiter zu verarbeiten und verbreiten. Auch er meinte wie Menzius, dass alle Menschen in sich gut sind. Während der Song-Dynastie (980 – 1280) wurde der Konfuzianismus als Lehre wieder gestärkt. Die Schüler der Weisheit lernten wieder über die Menschlichkeit und strebten nach Gesetzestreue und nach moralischen Leben.[84]

---

[82]Bauer, a.a.O., S.119
[83]Grabner-Haider, a.a.O., S. 74
[84]Grabner-Haider, a.a.O., S. 78 - 85

Im 20. Jahrhundert kam die Kaiserzeit in China durch viele politische und wirtschaftliche Demütigungen von Europäern im 19. Jahrhundert und durch die japanische Überholung in der Technik zu Ende (12. 2. 1912). Damit öffnete sich China der Welt, doch es bestand die Angst, dass die alte Kultur, Moral und Identität verloren gehen könnten. *Ku Hung Ming*, der in Europa studierte, meinte aber, dass das naturwissenschaftliche Weltbild des Westens mit konfuzianischen Lehren gut zusammenwirken könnte.

Als der erste chinesische Präsident *Sun Yat Sen* die Demokratie einführen wollte, mussten die Menschen herausfinden, dass die Treue zum Kaiser jetzt dem eigenen Volk und den gewählten Vertretern gewidmet sein soll. Mehr als bis her, mussten die Prinzipien des Zusammenlebens zum Vorschein kommen. Es war das, was die Europäer die Nächstenliebe nennen. Dieser Wert wurde in der chinesischen Kultur noch wichtiger.

Die Gelehrten teilten sich bald in zwei Teile. Ein Teil meint, dass der Konfuzianismus im heutigen China, in der Kultur und der Politik, weiterhin eine sehr große Rolle spiele. Andere meinten, dass er nicht mehr zeitgemäß sei. Heute ist Konfuzianismus in China wieder sehr populär, auch in der Politik der Kommunistischen Partei.

4. Ein Vergleich von Plato und Konfuzius

Wenn man die Lehren des Plato und des Konfuzius näher besichtigt und versucht beide zu vergleichen, landet man bei folgenden Schlussfolgerungen: Beide bildeten ihre Ansichten, wie die Menschen sich moralisch benehmen sollten, deutlich aus. Beide waren überzeugt, dass die Werte des Zusammenlebens sowohl in der realen Welt, als auch in der Politik verwirklicht werden müssen. Plato wie auch Konfuzius sahen die Wichtigkeit der Beziehung zwischen dem Staat und den einzelnen Menschen wahr. Sie wussten auch, wie wichtig es ist, Herrscher auszubilden, die diese Beziehungen auch wahrnehmen und danach ihre Herrschaft festhalten.

4.1 Dikaiosyne[85], Ren[86] und das ethische Leben

Die höchste moralische und ethische Instanz ist für Plato die Gerechtigkeit (dikaiosyne) und für Konfuzius die Menschlichkeit (ren). Weil diese Begriffe auf den ersten Blick keinen

---

[85]Die Gerechtigkeit
[86]Die Menschlichkeit

direkten Zusammenhang haben, waren sie selten verglichen. Aber meiner Meinung nach weisen beide auf eine uralte Frage auf: Warum sollte ich als Mensch moralisch sein?

„Ren", als Menschlichkeit übersetzt, ist der zentrale Terminus in Konfuzius' *Gesprächen*. „Dikaiosyne", als die Gerechtigkeit übersetzt, ist zentral in Platos *Republik*. Auf einer Seite gibt es *„ren"*, die die Parallelen zwischen der Harmonie im Staat und in der Familie zieht. Auf der anderen Seite gibt es *„dikaiosyne"*, die Parallelen zwischen der Harmonie im Staat und Harmonie in der menschlichen Seele zieht. Dieser Unterschied zeigt eigentlich, was für beide Denker am wichtigsten war: Plato meinte, dass das Wichtigste im Leben die Seele ist. Konfuzius meinte, dass das wichtigste die Familie sei. Es ist sinnvoll, dass man die moralische Auswirkung und Bedeutung beider Begriffe beobachtet. Beide halten nämlich die Regulierung der Beziehung mit anderen Menschen ein. Beide betonen die Ausgewogenheit der Beziehungen und beide Termini funktionieren als Mittel für das Erreichen der Harmonie zwischen den Menschen.

4.2 Der Herrscher und seine Beziehung zum Staat

Was haben platonische und konfuzianische Herrscher gemeinsam? Beide sind weise und wollen das Beste für die Menschen. Der platonische Herrscher glaubt an das absolut Beste[87], der konfuzianische Herrscher kann auch Fehler machen, er wird von seinen Beamten darauf hingewiesen.

Die Herrscher bei Plato sind die Philosophenkönige. Sie haben die höchste Stufe des Lernens erreicht und die ewige Idee des Guten kennengelernt. Sie kennen die Wahrheit und besitzen damit alle notwendige Tugenden (Weisheit, Tapferkeit und Besonnenheit), um Könige zu werden. Sie sind der Kopf des Staates und besitzen das Wissen über die ewigen Ideen. Deshalb sind sie die perfekten Herrscher des totalitären Staates.[88]

Bei Konfuzius gibt es aber einen Fürsten und viele Beamte. Sie alle sind edle Menschen und sind weise, sie berücksichtigen die Regeln des Zusammenlebens und sind auch bereit, ihr eigenes Leben für das Recht zu geben. Sie dienen dem Staat in dem die Menschen sich sicher und geschützt fühlen und wo eine gesicherte Ordnung besteht. [89]

---

[87] Röd, a.a.O., S. 167
[88] Röd, a.a.O., S. 167
[89] Grabner – Haider, a.a.O., S. 61

Also gibt es viele Ähnlichkeiten zwischen Platos und Konfuzius. Beide suchen die Ordnung, denn sie meinen, dass nur durch feste Ordnung ein Staat funktionieren kann. Es gibt aber einige Unterschiede. Plato konzentriert sich eher auf die Ordnung unter den Bewohnern des Staates, wie diese wegen der Tugenden, die sie besitzen einander untergeordnet sind, bzw. wie die Gruppen von Menschen, die weniger Tugenden besitzen, dem Tugendhaften folgen wollen. Der Bezug auf die ewige Idee des Guten ist das einzige, was Plato braucht, um die Ordnung zu erreichen. Wenn jemand Philosophenkönig ist, ist alles, was er macht, absolut gültig. Denn er besitzt die Einsicht in die Welt der ewigen Ideen und kennt die Sachen, wie sie an sich sind.

Bei Konfuzius ist es aber etwas anders. Konfuzius geht von der Familie aus, von der Ordnung in der Familie, wo die Kinder den Eltern untergeordnet sind. Also gibt es Unterordnungen auch in dem Staat. Es gibt Edle (Fürst und seine Beamten) und kleine Menschen. Aber Konfuzius sieht die Beziehungen der Menschen im Staat realistischer als Plato. Der edle Mensch bei Konfuzius muss eine große Menge der Weisheit besitzen und muss gerecht sein, er muss vor allem „ren" besitzen. Aber er kann sich auch irren. Und wenn er sich irrt, müssen ihn seine Beamten darauf auch zurechtweisen. Der Philosophenkönig Platos kann sich nicht irren, da sein Wissen absolut ist.

Plato und Konfuzius meinen, dass die Ordnung im Staat sehr wichtig ist, vielleicht sogar das Wichtigste, damit ein Staat gut funktionieren kann. Die Ordnung wird bei beiden durch Unterordnungen der Schwächeren über die Stärkeren, die Besseren oder die Edlen (bei Konfuzius noch über die Älteren) erreicht. Daher aber müssen noch einige Kriterien erfüllt werden. Für Plato ist alles, was der Herrscher sagt, auch absolut wahr. Seine Fähigkeiten sind genug, damit es im Staat Ordnung gibt. Das Schauen der ewigen Ideen genügt, um alle Regeln aufzustellen. Alle müssen schon von Anfang an durch Erziehung diesen Regeln folgen.[90]

Für Konfuzius ist aber der Herrscher niemals absolut weise. Er kennt aber die Regel der Moral und „ren" und weiß, wie die Regeln sein müssen und was richtig und gerecht ist, da er ein edler Mensch ist. Aber er verfügt über keinen absoluten Wahrheitsanspruch[91]

---

[90]Politeia, Buch VI
[91]Bauer, a.a.O., S. 57

4.3 Tugenden

Beide Philosophien erwähnen hin und wieder die Grundtugenden, die wichtig sind, damit ein Staat gut und ordentlich funktionieren kann.

Diese Tugenden haben nach Plato einen Bezug zur Seele und sind jeweils ein Zustand des wohlgeordneten Gutseins in der seelischen Ausrichtung bzw. im seelischen Streben: Es geht um das Vernünftige, das Ereifernde und das Begehrende. Die ihnen eigentümliche Tugenden sind bei dem Vernünftigen die Weisheit (σοφία), bei dem sich Ereifernden (die Wächter) die Tapferkeit (ἀνδρεία) und bei dem Begehrenden (Arbeiter, Handwerker) die Besonnenheit (σωφροσύνη).[92]

Eine weitere Tugend ist die Gerechtigkeit, sie bezieht sich auf das harmonische Verhältnis der seelischen Strebeformen. Ihr richtiges Zusammenwirken besteht darin, dass das Vernünftige herrscht, das sich Ereifernde das Vernunftige unterstützt und das Begehrliche sich beherrschen läßt. Das Vernünftige ist nicht dafür da, ein Lustgefühl wahrzunehmen, festzustellen und zu melden. Platon beschreibt die Gerechtigkeit (δικαιοσύνη) in einem inneren Verhältnis in der Seele.[93] Die Teile der Seele dürfen in Bezug aufeinander nichts Fremdes tun und nicht vielerlei treiben, sondern der Mensch muss ihnen das ihnen Eigentümliche vorschreiben, um über sich selbst zu herrschen, um eine Ordnung einrichten, um mit sich selbst Freund sein und um diese drei Teile zusammenfügen. So entsteht im einzelnen Menschen und im Staat die große Einheit. Eine Handlung, die diesen Zustand bewirkt und bewahrt, ist gerecht. Die Ungerechtigkeit aber ist ein Zwiespalt der drei Arten bzw. Fähigkeiten der Seele. Dazu gehören: Vielgeschäftigkeit, Tun des Fremden, Aufruhr eines Teils gegen das Ganze, die Herrschaft eines Teils, die ihr nicht zukommt.[94] Gerechtigkeit und Ungerechtigkeit sind in der Seele wie Gesundheit und Krankheit im Körper.[95]

„Wenn die Tugenden auf Wissen beruhen, ist eine Differenzierung nur durch die Gegenstände möglich, auf welche sich das Wissen richtet. Da jedoch alle Tugenden auf das Gute zielen, ist von einer Einheit der Tugenden auszugehen. Denn zugrunde liegt ein Wissen, was gut und was nicht gut ist. Allerdings gibt es verschiedene Formen des Gut-Seins, die nicht identisch, aber auch nicht unterschiedlich im Sinn von Teilbereichen vom Wissen des Guten sind: Das

---

[92]Röd, a.a.O., S.137
[93]Politeia, 443c – 444a
[94] Politeia 444a – b
[95] Politeia 444c

Teil-Ganze-Verhältnis der Tugenden gerät damit in die Nähe des Einheit-Vielheit-Problems der Ideen. Die Möglichkeit einer Einheit der Formen des Gutseins im Verständnis Platons ist deshalb umstritten. Lösungsmöglichkeiten deuten sich mit Blick auf die Politeia an."[96]

Nach Platons Standpunkt ist das Wissen bzw. die Erkenntnis des Guten für die Tugend notwendig. Das Fehlverhalten ist ein intellektuelles Versagen. Die ewige Idee des Guten ist die Orientierung. Also je mehr ein Mensch weiß oder je mehr er erkennt, desto höhere Tugenden kann er erreichen..

Die konfuzianische Tugenden sind aber folgende: die Menschlichkeit, die Gerechtigkeit, das moralische Verhalten, die Weisheit und das Gute. Daraus folgen drei soziale Pflichten: die Loyalität, die kindliche Pietät und die Wahrung der Riten.

Plato würde mit dem Konfuzianismus über die Lehren vom Guten nie übereinstimmen, denn er meint, dass man erst, wenn man die Welt der ewigen Ideen erkennt, auch moralisch gut sein kann.

Der Konfuzianismus lehrt aber, dass jeder Mensch mit dem Guten in sich schon geboren wird. Vielleicht sind sich der Konfuzianismus und Plato darin einig, dass der Weise seine Mitmenschen über das Gute belehren muss, um sie auf den richtigen Weg zu bringen bzw. auf zu führen.

Die Tugenden von Konfuzius und von Plato sind zwar nicht die gleichen, haben aber eine ähnliche Intention. Beide wollen mit der Hilfe der vorgeschriebenen Tugenden eine umfassende Menschlichkeit, und einen besseren Staat erreichen. Konfuzius ist damit eher realistisch, denn er widmet sich nicht der Welt der ewigen Ideen, oder irgendwelchen anderen überirdischen Instanzen, wie Plato das macht. Für Konfuzius müssen alle Menschen den gleichen Tugenden folgen, für Plato aber sind die Tugenden von den sozialen Schichten abhängig.

Ein weiterer Unterschied zwischen Plato und Konfuzianismus liegt darin, was in der Erziehung zu lehren sei und was aus den Tugenden konkret folgen soll. Plato meinte, die Mythen und Riten gehörten nicht in eine gesunde Polis. Konfuzius aber war überzeugt, dass die Ausführung der Riten und der Respekt von der Geschichte für das gute Leben notwendig sind. Plato sieht das anders. In der Politea, wo er über die Erdgeborenen schreibt, wird die

---

[96] Michael Erler. Platon. Band 2. Stuttgart. 2006. S. 438 - 439

Erde als „Mutter" aller Menschen dargestellt. Der Gott, der die Menschen geformt hat, hat ihnen unterschiedliche Metalle beigemischt: einigen Gold, anderen Silber, anderen Eisen und Erz. Daraus stammen die einzelnen Tugenden der Menschen, je nach den sozialen Schichten.[97] Das nennt Plato ein Edelbetrug, für welchen die Wahrnehmung das Kennen des Alten vergessen müsste. Daraus kann man sehen, dass Plato das Alte eher vergessen würde, während Konfuzius, sagt, dass man das Alte respektieren muss.

Daraus erkennen wir, dass Konfuzius eine viel realistische und egalitäre Begründung des moralisch Guten vorlegte als der Grieche Plato, der noch stark im mythischen, metaphysischen und aristokratischen Weltbild verhaftet blieb.

5. Zusammenfassung

In der Einleitung dieser Bachelorarbeit wurde die Erläuterung der Lehren beider Denker aus Teilen der Welt, die in einigen Überlegungen ähnlich waren, als Aufgabe gestellt. Als einige der Ähnlichkeiten sind die Lehren über die Gerechtigkeit auf einer und über die Menschlichkeit auf der anderen Seite erwähnt und daraus folgt, dass beide die Regulierung der Beziehung mit anderen Menschen einhalten und die Ausgewogenheit der Beziehungen betonen. Beide Termini funktionieren als Mittel für das Erreichen der Harmonie zwischen den Menschen.

Zweitens, beschäftigen sich die beide Lehren mit dem Herrscher, wer dieser Herrscher sein soll und wie soll er wirken. Die Herrscher bei Plato sind die Philosophenkönige, die die höchste Stufe des Lernens erreichten und die ewige Idee des Guten kennenlernten. Deshalb sind sie absolut weise und können sich nicht irren. Sie sind die perfekten Herrscher des totalitären Staates. Bei Konfuzius gibt es aber einen Fürsten und viele Beamte, die ihn auf mögliche Fehler aufweisen, da er sich, anders als bei Plato, auch irren kann. Sie alle sind edle und weise Menschen, die die Regeln des Zusammenlebens respektieren und sorgen, dass sich ihre Mitmenschen wohl und geschützt fühlen. Drittens, erwähnen beide Philosophien hin und wieder die Grundtugenden. Bei Plato sind diese Tugenden die Weisheit, die Tapferkeit und die Besonnenheit, die in einer Hierarchie aufgeteilt sind, genau wie die Seelenteile in einem Mensch. Eine Weitere Tugend ist die Gerechtigkeit, die nur wenn andere Tugenden in einer Hierarchie stehen, vorkommt. In Konfuzianismus gibt es aber folgende Tugenden: : die

---

[97]Röd, a.a.O., S. 137

Menschlichkeit, die Gerechtigkeit, das moralische Verhalten, die Weisheit und das Gute. Daraus folgen drei soziale Pflichten: die Loyalität, die kindliche Pietät und die Wahrung der Riten.

Die Tugenden von beiden, haben eine ähnliche Intention, denn beide wollten mit der Hilfe der Tugenden eine umfassende Menschlichkeit, und einen besseren Staat erreichen.

Ein wichtiges Unterschied ist aber, dass der Konfuzius viel realistischer als Plato, der noch stark von mythischen, metaphysischen und aristokratischen Weltbild beeinflusst war, ist. Konfuzius liegt eine viel mehr realistische Begründung von moralisch Guten vor.

6. Quellenverzeichnis

Primärliteratur

- Andreas Graeser. Die Philosophie der Antike 2. C. H. Beck. München. 1993. 2. Auflage.
- Wolfgang Röd. Der Weg der Philosophie. Band I. . C. H. Beck. München. 1994.
- Anton Grabner-Haider. Philosophie der Weltkulturen. Marix Verlag. Wiesbaden. 2006.
- Wolfgang Bauer. Geschichte der chinesischen Philosophie. C. H. Beck. München. 2009.

Sekundärliteratur

- Platon. Der Staat. Reclam. Leipzig. 1982.
- Konfuzius. Gespräche. Moritz Ralf (Hrsg.). Reclam. Leipzig. 1998.
- Peter Stanford. 50 Schlüsselideen Religion. Springer. 2011.
- Li Feng: Landscape and power in early China: The crisis and fall of the Western Zhou, 1045 - 771 BC, Cambridge University Press, 2006
- Michael Erler. Platon. Band 2. Stuttgart. 2006.
- Vincent Shen. Dao Companion to Classical Confucian Philosophy. Springer. Dordrecht. 2014.
- Schülerduden Philosophie. Dudenverlag. Mannheim. 2009.
- Otfried Höffe (Hrsg.). Platon: Politeia. 3. Auflage. Berlin 2011.
- Donald Palmer. Does the Centre Hold?: An Introduction to Western Philosophy. McGraw-Hill Education. 6. Auflage. 2013.

Internetquellen

- CRI Online: http://german.cri.cn/chinaabc/chapter17/chapter170204.htm (Stand: 9.4.2014)